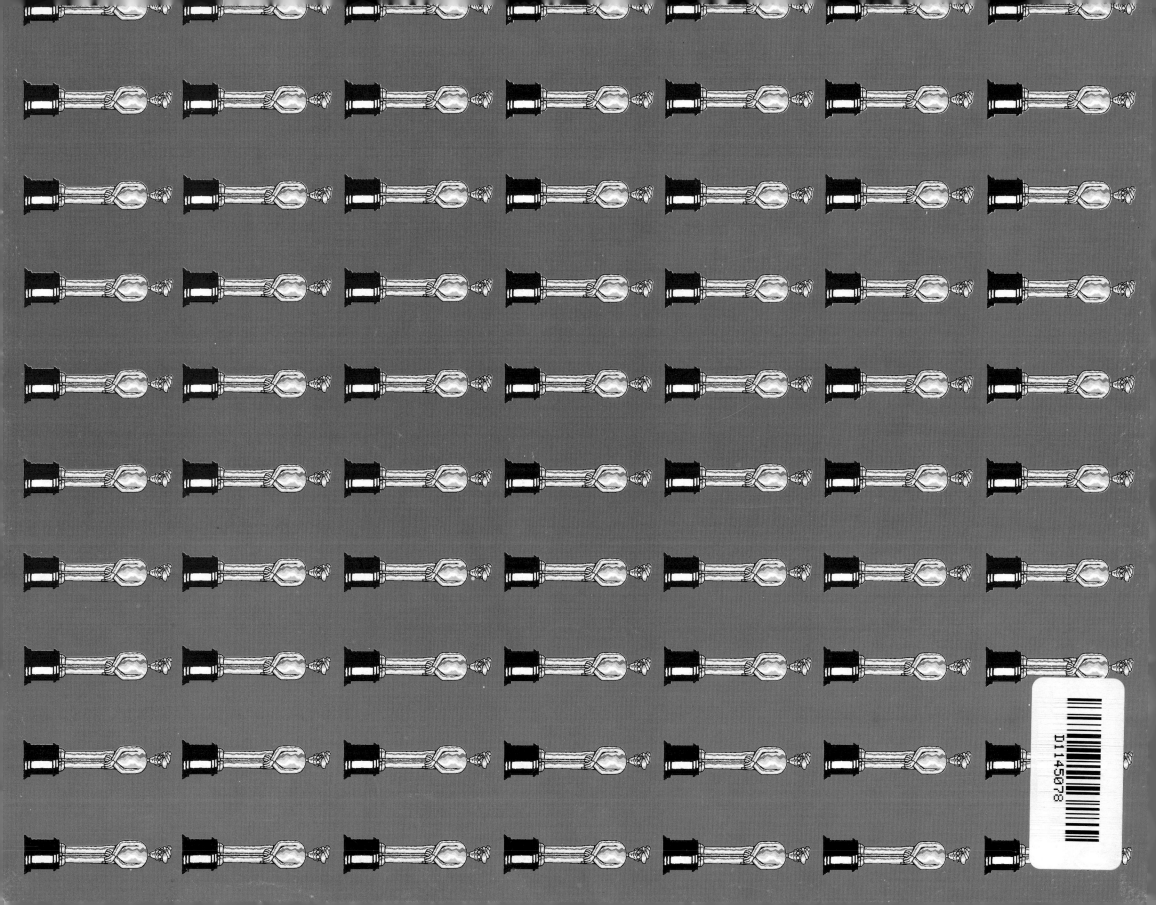

À ELIZABETH, MIKE,
STEVE, EDDY ET TERRY
POUR LEUR AIDE
ET LEURS ENCOURAGEMENTS

GARANTIE DE L'ÉDITEUR

Malgré tous les soins apportés à sa fabrication, il est malheureusement possible que cet ouvrage comporte un défaut
d'impression ou de façonnage. Dans ce cas, il vous sera échangé sans frais.
Veuillez à cet effet le rapporter au libraire qui vous l'a vendu ou nous écrire à l'adresse ci-dessous
en nous précisant la nature du défaut constaté. Dans l'un ou l'autre cas, il sera immédiatement
fait droit à votre réclamation. Librairie Gründ - 60, rue Mazarine - 75006 Paris.

Adaptation française de Jeanne Castoriano et Tania Capron
Texte original de Martin Handford
Secrétariat d'édition de Justine de Lagausie
Nouvelle édition française 1998 par Librairie Gründ, Paris
Première édition française 1993 par Librairie Gründ, Paris
© 1993, 1998 Librairie Gründ, Paris
ISBN : 2-7000-4127-5
Dépôt légal : mars 1998
© Walker Books Ltd sous le titre Where Is Wally? In Hollywood
Édition originale 1993 par Walker Books Ltd
Nouvelle édition originale 1997 par Walker Books Ltd sous le titre Where Is Wally? In Hollywood
© 1993, 1997 Martin Handford pour le texte et les illustrations
PAO : Liani Copyright, Paris
Imprimé en Chine

Loi n° 49-956 du 16 juillet 1949 sur les publications destinées à la jeunesse

CHUT! C'EST UN FILM MUET!

EH OUI, LE RÊVE HOLLYWOODIEN COMMENÇA AINSI, AVEC DES FILMS MUETS EN NOIR ET BLANC. C'EST COMPLÈTEMENT DINGUE ET ON RIT COMME DES FOUS. ÇA DOIT ÊTRE VRAIMENT DUR D'ÊTRE ACTEUR DANS UN FILM COMIQUE. IL EN ARRIVE DES MALHEURS! MAIS LE GRAND TRUC EST QUE LES ACTEURS NE SE BLESSENT JAMAIS... MÊME S'ILS MORDENT SOUVENT LA POUSSIÈRE!

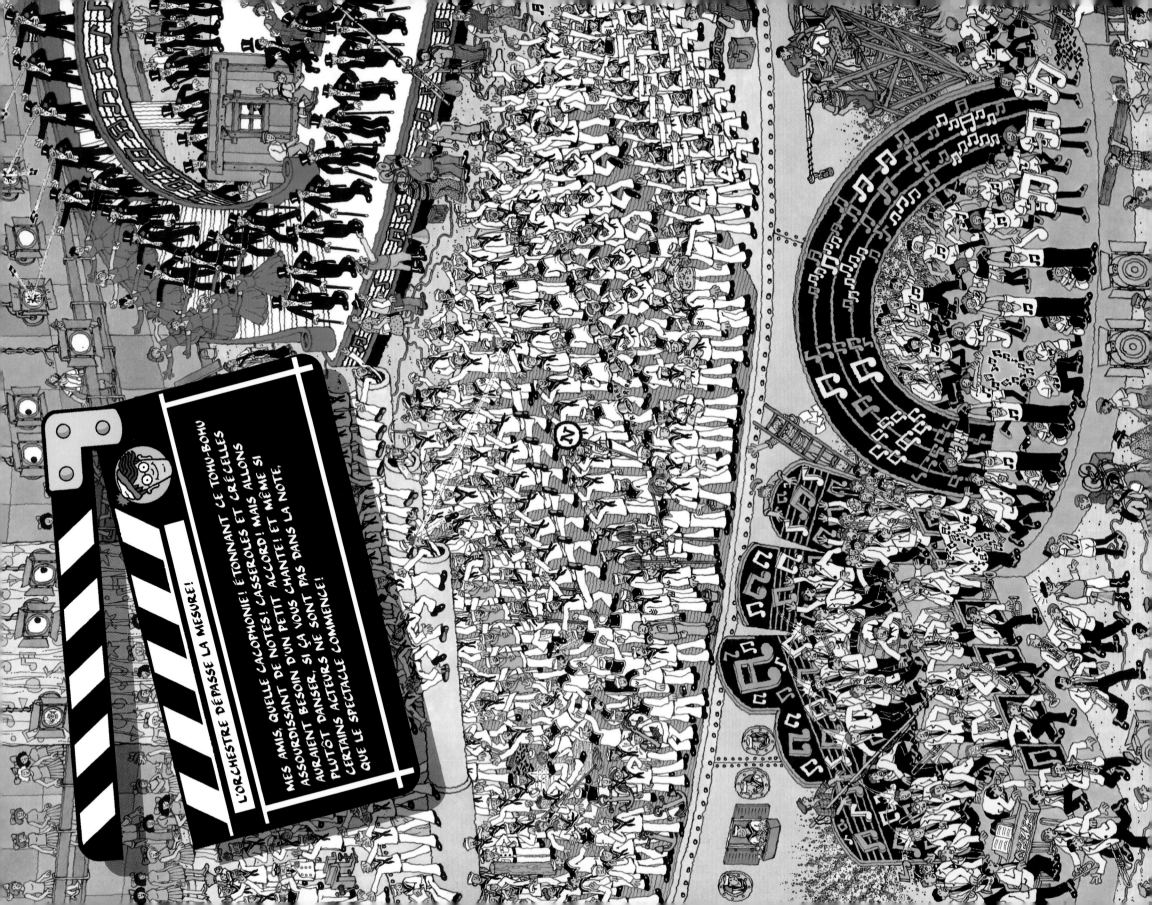

ALI BABA ET LES QUARANTE VOLEURS

QUELLE FANTASTIQUE BOUSCULADE DANS LA CAVERNE D'ALI BABA, FANS DE CHARLIE! MAIS VISEZ UN PEU TOUS CES TRÉSORS DE L'ORIENT! COMBIEN DE VOLEURS Y AVAIT-IL DANS L'HISTOIRE, DÉJA? QUARANTE MILLE AU MOINS DANS L'ESPRIT DU METTEUR EN SCÈNE! ET ALI BABA? IL EST BARBIER DANS L'ALLÉE EN BAS. ON L'APPELLE ALI BABOUCHE, ET TOUS CES GRANDS GÉNIES DÉGINGANDÉS? TERRIFIANT, NON?

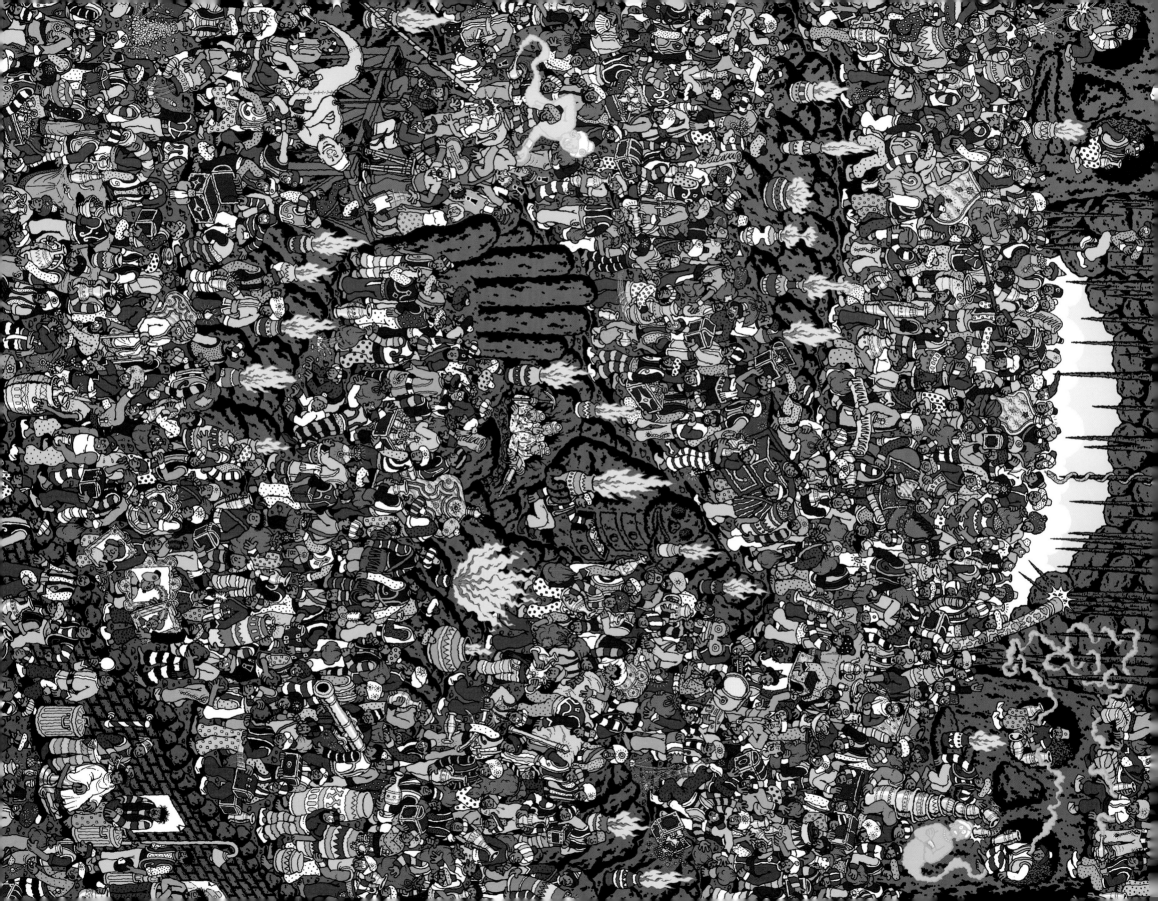

LA PARADE DES MOUSQUETAIRES

UN POUR TOUS, TOUS POUR UN! N'EST-CE PAS LA DEVISE
DES TROIS MOUSQUETAIRES? DANS CE DUEL MAGISTRAL,
CE SERAIT PLUTÔT CHACUN POUR SOI ET DIEU POUR TOUS!
C'EST UNE LUTTE À MORT ENTRE NOS TROIS HÉROS
ET LES GARDES DU CARDINAL. ON NE S'Y RETROUVE PLUS
DANS CETTE PARADE! LA CAMÉRA NE SAIT PLUS OÙ
DONNER DE LA TÊTE.

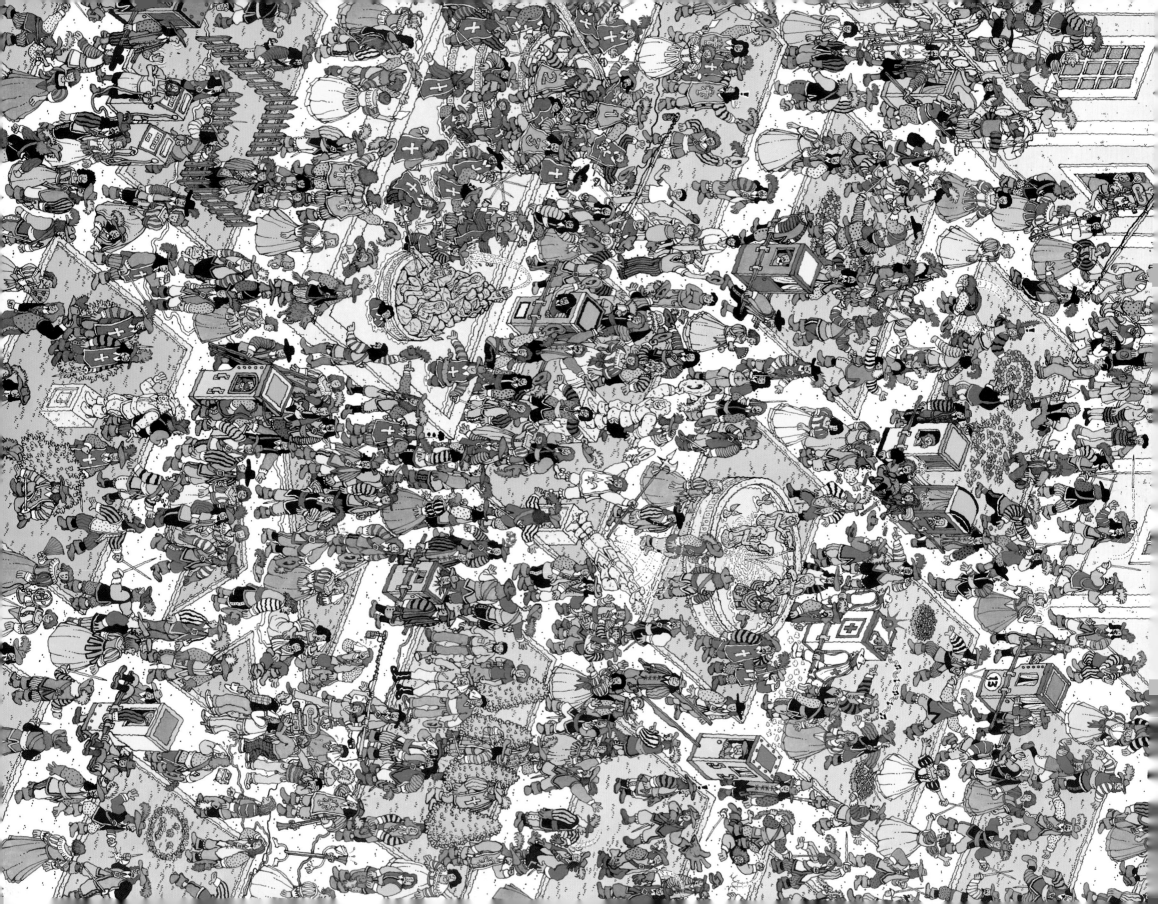

LA MACHINE À REMONTER LE TEMPS

INCROYABLE! TEMPS, ESPACE, HORREUR SE MÊLENT DANS LA CONFUSION LA PLUS TOTALE. ET ON VOYAGE ALLÈGREMENT DE VAISSEAUX SPATIAUX EN SITUATIONS SPÉCIAUX, DE SCÈNES COSMIQUES EN EFFETS COMIQUES. ON DIRAIT QUE L'UNE DE CES SOUCOUPES VOLANTES VOLE VRAIMENT. ET À L'INTÉRIEUR, EST-CE QU'ON VOIT DES EXTRATERRESTRES OU S'AGIT-IL D'ACTEURS? COMMENT DÉMÊLER LE VRAI DU FAUX?

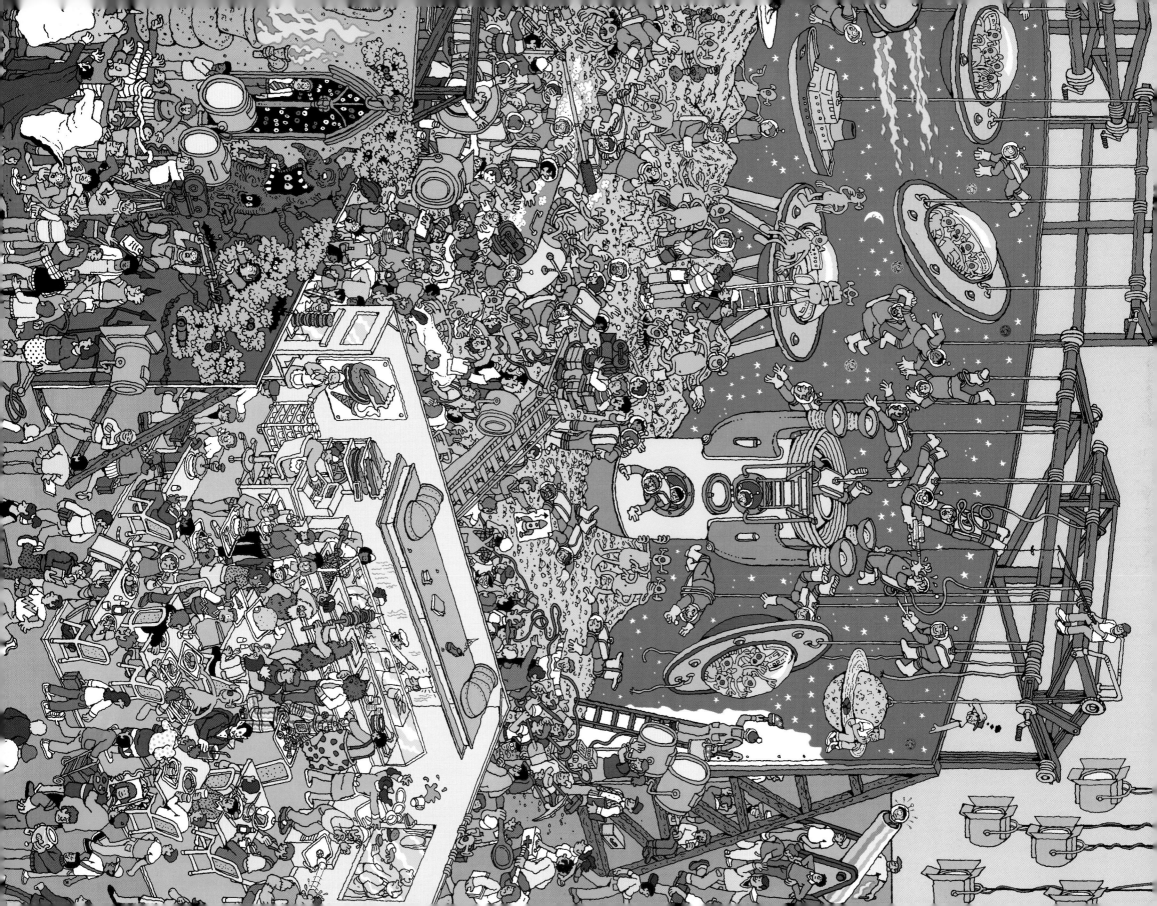

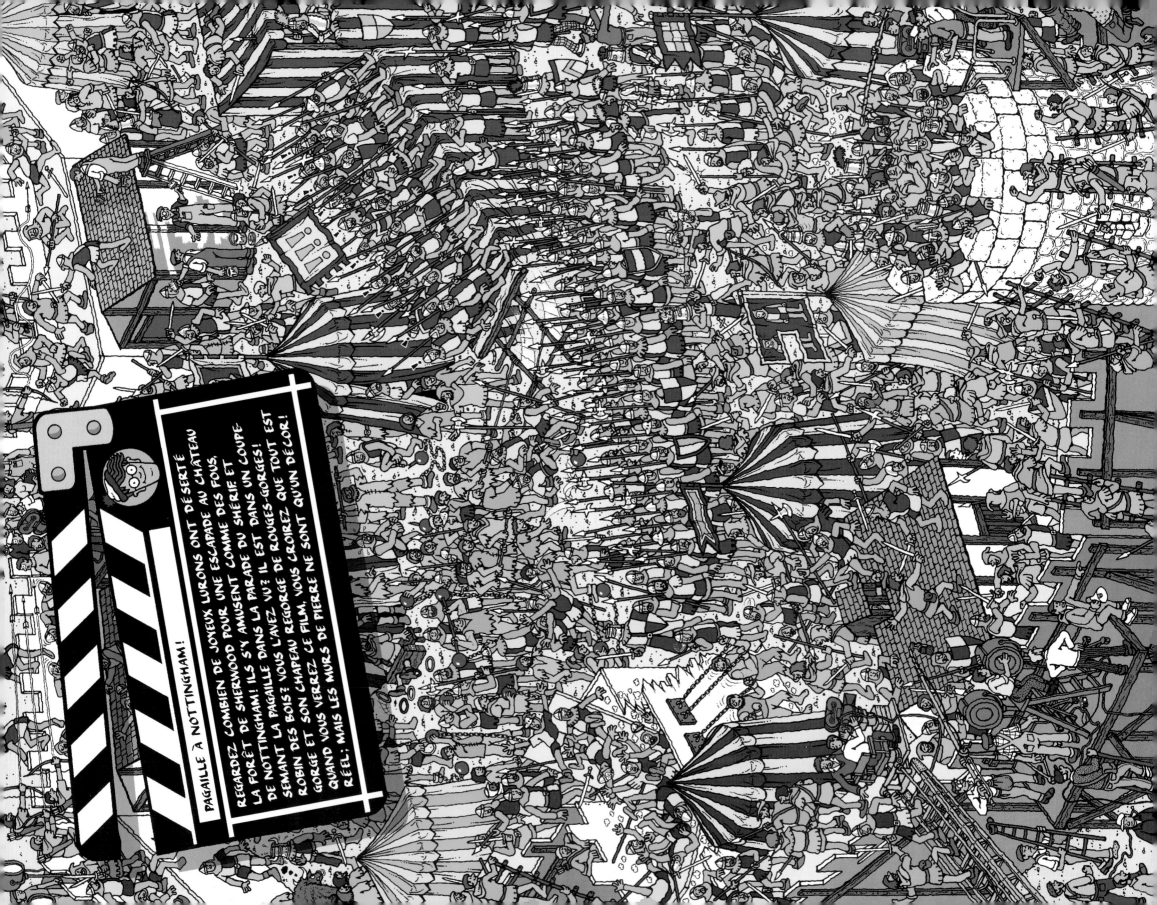

PAGAILLE À NOTTINGHAM !

REGARDEZ COMBIEN DE JOYEUX LURONS ONT DÉSERTÉ LA FORÊT DE SHERWOOD POUR UNE ESCAPADE AU CHÂTEAU DE NOTTINGHAM! ILS S'Y AMUSENT COMME DES FOUS, SEMANT LA PAGAILLE DANS LA PARADE DU SHÉRIF ET ROBIN DES BOIS? VOUS L'AVEZ VU? IL EST DANS UN COUPE-GORGE ET SON CHAPEAU REGORGE DE ROUGES-GORGES! QUAND VOUS VERREZ CE FILM, VOUS CROIREZ QUE TOUT EST RÉEL, MAIS LES MURS DE PIERRE NE SONT QU'UN DÉCOR!

LES FEUX DE LA RAMPE

WAOUH! FANS DE CHARLIE! ÇA C'EST HOLLYWOOD! LES STARS S'OFFRENT
J'ASSISTE À UNE AVANT-PREMIÈRE. LES STARS SONT À L'AFFÛT DES STARS.
À LA VUE DE TOUS; LA FOULE EST À L'AFFÛT DES STARS. C'EST SUPER-
REGARDEZ L'ÉNOOORME LIMOUSINE ROSE. C'EST SUPER-
STAR! ET QUI EST DANS L'OSMOBILE, LÀ, DERRIÈRE?
TIENS! KING-KONG A L'AIR PLUS SYMPA QU'À L'ÉCRAN.

OÙ EST CHARLIE?

À HOLLYWOOD
Le casting infernal

Encore une foule de choses à trouver et de gags pour les fans de Charlie!

★ DRÔLE DE LÉGION! ★

- Trois «datiers»
- Douze chameaux
- Un palmier qui a perdu la tête
- Un drapeau peu patriote
- Un cavalier à contre-courant
- Un clairon impopulaire
- Une légion de frileux
- Une plage désertique
- Une prise de vue sabrée par un avion
- Un arbre qui s'est planté dans le décor
- Quatre palmiers aux arrêts
- Un type en nage sans gêne
- Deux cocos secoués
- Trois chameaux qui font de l'ombre
- D'une pierre seize coups
- Un figurant qui ne connaît pas son camp

★ L'ORCHESTRE DÉPASSE LA MESURE! ★

- Des clefs musicales
- Une harpiste qui balance
- Une love-story sous les sunlights
- Quatre plumes orange
- Un marin d'eau douce
- Un chapeau bas-de-forme
- Un coup de pompe
- Un danseur très «fleur bleue»
- Un air qui trotte
- Un musicien jouant de la doublebasse
- Des matelots un peu cloches
- Un sire et deux sirènes
- Un partenaire qui ne prend pas de gants
- Un marin hippie
- Des voix cassantes
- Trois ramasseurs de mauvaises notes

★ ALI BABA ET LES QUARANTE VOLEURS ★

- Un homme avec des chaussures jaunes
- Un homme avec des chaussures vertes
- Un homme avec une chaussure rouge et une chaussure blanche
- Un homme avec une chaussure rouge et une chaussure rose
- Un homme portant un turban vert
- Un homme portant un turban jaune
- Un turban avec une étoile rouge
- Un fez orné d'un gland jaune
- Un fez orné d'un gland vert
- Un rêve doré
- Un homme à la barbe «fleurie»
- Une stalactite qui serpente
- Un homme qui prend un bain de foule
- Quatre bons génies et un mauvais génie
- Un voleur pris au piège

★ LE FAR WEST EN DÉLIRE ★

- Deux cow-boys s'arrangeant le portrait
- Des cow-boys levant leurs verres
- Une chute du dollar
- Treize cow-boys qui voient rouge
- Des buffles fidèles aux Postes
- Un bandit coté et un bandit de pacotille
- Des mineurs qui ont mauvaise mine
- Un tournage détourné
- Un saloon de thé
- Un monsieur qui redouble de galanterie
- Calamity Jane
- Des médecins sans frontières
- Un western spaghetti
- La «or-de» sauvage
- Billy the Kid
- Les murs ont des oreilles
- Un cheval diligent

★ ET LE RÊVE DEVIENT RÉALITÉ ★

- Un homme à qui on ôte le pain de la bouche
- Un agent double
- Un homme au-dessus de la mêlée
- Un orchestre qui balance
- Un étoile verte sur une balle jaune
- Une machine soufflant un vent de panique
- Une scène romantique
- Une femme avec un bonnet de bain jaune
- Vingt et un pirates en maillot rayé
- Dix gardes
- Huit cœurs à l'ouvrage
- Trois boucliers
- Quelqu'un qui a mis le pied dans le plat
- Trois personnes à skis
- Un peintre réaliste
- Un homme avec une cravate rouge à pois blancs
- Un type qui entre dans le décor

★ CHUT! C'EST UN FILM MUET! ★

- Un guette-heure
- Un boulet-dogue
- Un moine qui cloche dans le décor
- Deux prisonniers qui jouent les taupes
- Un chat perché
- Deux chasseurs de nœuds papillons
- Treize ballons
- Un policier qui fait le mur
- Sept haut-parleurs
- L'arroseur arrosé
- Neuf animaux à quatre pattes
- Quinze caméras
- Une barbe dans le vent
- Un homme tiré à quatre épingles
- Une vache à eau
- Une roue qui s'emballe
- Un type qui est dans les petits papiers
- Cinq policiers filant ventre à terre
- Un trouillard et une patrouille pas heureuse

★ REMUE-MÉNAGE À TROIE! ★

- Un soldat en sandales
- Cinq soldats à veste bleue et plumet rouge
- Des soldats qui font le pont
- Deux cœurs brisés
- Un soldat avec un bouclier carré
- Cinq soldats à veste rouge et plumet bleu
- Un homme à la mer
- Des adieux qui laissent de marbre
- Deux guerriers très liés
- Un homme mis à l'index
- Une chevauchée fantastique
- Cinq soldats à veste jaune
- Quatre soldats qui se remettent les pendules à l'heure
- Des prisonniers cuisinés à la sauce tomate
- Des soldats hors la loi
- Un tir bien ciblé
- Une rencontre fumante